TRANZLATY
El idioma es para todos
Bahasa adalah untuk semua orang

La Bella y la Bestia

Kecantikan dan Binatang

Gabrielle-Suzanne Barbot de Villeneuve

Español / Bahasa Melayu

Copyright © 2025 Tranzlaty
All rights reserved
Published by Tranzlaty
ISBN: 978-1-80572-086-7
Original text by Gabrielle-Suzanne Barbot de Villeneuve
La Belle et la Bête
First published in French in 1740
Taken from The Blue Fairy Book (Andrew Lang)
Illustration by Walter Crane
www.tranzlaty.com

Había una vez un rico comerciante
Dahulu ada seorang saudagar yang kaya raya
Este rico comerciante tuvo seis hijos.
saudagar kaya ini mempunyai enam orang anak
Tenía tres hijos y tres hijas.
dia mempunyai tiga anak lelaki dan tiga anak perempuan
No escatimó en gastos para su educación
dia tidak menghindarkan sebarang kos untuk pendidikan mereka
Porque era un hombre sensato
kerana dia seorang yang berakal
pero dio a sus hijos muchos siervos
tetapi dia memberi anak-anaknya banyak hamba
Sus hijas eran extremadamente bonitas
anak-anak perempuannya sangat cantik
Y su hija menor era especialmente bonita.
dan anak bongsunya sangat cantik
Desde niña ya admiraban su belleza
semasa kecil kecantikannya sudah dikagumi
y la gente la llamaba por su belleza
dan orang ramai memanggilnya dengan kecantikannya
Su belleza no se desvaneció a medida que envejecía.
kecantikannya tidak pudar apabila usianya meningkat
Así que la gente seguía llamándola por su belleza.
jadi orang ramai terus memanggilnya dengan kecantikannya
Esto puso muy celosas a sus hermanas.
ini membuatkan adik-adiknya sangat cemburu
Las dos hijas mayores tenían mucho orgullo.
kedua-dua anak perempuan sulung mempunyai kebanggaan yang besar
Su riqueza era la fuente de su orgullo.
kekayaan mereka adalah sumber kebanggaan mereka
y tampoco ocultaron su orgullo
dan mereka juga tidak menyembunyikan kebanggaan mereka
No visitaron a las hijas de otros comerciantes.
mereka tidak menziarahi anak perempuan saudagar lain

Porque sólo se encuentran con la aristocracia.
kerana mereka hanya bertemu dengan golongan bangsawan
Salían todos los días a fiestas.
mereka keluar setiap hari ke pesta
bailes, obras de teatro, conciertos, etc.
bola, permainan, konsert, dan sebagainya
y se rieron de su hermana menor
dan mereka mentertawakan adik bongsu mereka
Porque pasaba la mayor parte del tiempo leyendo
kerana dia menghabiskan sebahagian besar masanya dengan membaca
Era bien sabido que eran ricos
diketahui umum bahawa mereka kaya raya
Así que varios comerciantes eminentes pidieron su mano.
maka beberapa saudagar terkemuka meminta tangan mereka
pero dijeron que no se iban a casar
tetapi mereka berkata mereka tidak akan berkahwin
Pero estaban dispuestos a hacer algunas excepciones.
tetapi mereka bersedia untuk membuat beberapa pengecualian
"Quizás podría casarme con un duque"
"Mungkin saya boleh berkahwin dengan Duke"
"Supongo que podría casarme con un conde"
"Saya rasa saya boleh berkahwin dengan Earl"
Bella agradeció muy civilizadamente a quienes le propusieron matrimonio.
Beauty sangat beradab berterima kasih kepada mereka yang melamarnya
Ella les dijo que todavía era demasiado joven para casarse.
dia memberitahu mereka dia masih terlalu muda untuk berkahwin
Ella quería quedarse unos años más con su padre.
dia mahu tinggal beberapa tahun lagi dengan ayahnya
De repente el comerciante perdió su fortuna.
Sekali gus peniaga itu kehilangan hartanya
Lo perdió todo excepto una pequeña casa de campo.

dia kehilangan segala-galanya selain sebuah rumah desa kecil
Y con lágrimas en los ojos les dijo a sus hijos:
dan dia memberitahu anak-anaknya dengan air mata di matanya:
"Tenemos que ir al campo"
"kita mesti pergi ke luar bandar"
"y debemos trabajar para vivir"
"dan kita mesti bekerja untuk hidup kita"
Las dos hijas mayores no querían abandonar el pueblo.
dua anak perempuan sulung itu tidak mahu meninggalkan bandar itu
Tenían varios amantes en la ciudad.
mereka mempunyai beberapa kekasih di bandar
y estaban seguros de que uno de sus amantes se casaría con ellos
dan mereka pasti salah seorang kekasih mereka akan mengahwini mereka
Pensaban que sus amantes se casarían con ellos incluso sin fortuna.
mereka menyangka kekasih mereka akan mengahwini mereka walaupun tanpa harta
Pero las buenas damas estaban equivocadas.
tetapi wanita yang baik tersilap
Sus amantes los abandonaron muy rápidamente
kekasih mereka meninggalkan mereka dengan cepat
porque ya no tenían fortuna
kerana mereka tidak mempunyai harta lagi
Esto demostró que en realidad no eran muy queridos.
ini menunjukkan mereka sebenarnya tidak disenangi
Todos dijeron que no merecían compasión.
semua orang berkata mereka tidak layak untuk dikasihani
"Nos alegra ver su orgullo humillado"
"Kami gembira melihat kebanggaan mereka direndahkan"
"Que se sientan orgullosos de ordeñar vacas"
"Biarlah mereka berbangga kerana memerah susu lembu"
Pero estaban preocupados por Bella.

tetapi mereka mementingkan kecantikan
Ella era una criatura tan dulce
dia adalah makhluk yang sangat manis
Ella hablaba tan amablemente a la gente pobre.
dia bercakap dengan begitu baik kepada orang miskin
Y ella era de una naturaleza tan inocente.
dan dia adalah seorang yang tidak bersalah
Varios caballeros se habrían casado con ella.
Beberapa lelaki akan berkahwin dengannya
Se habrían casado con ella aunque fuera pobre
mereka akan mengahwininya walaupun dia miskin
pero ella les dijo que no podía casarlos
tetapi dia memberitahu mereka bahawa dia tidak boleh mengahwini mereka
porque ella no dejaría a su padre
kerana dia tidak akan meninggalkan ayahnya
Ella estaba decidida a ir con él al campo.
dia berazam untuk pergi bersamanya ke luar bandar
para que ella pudiera consolarlo y ayudarlo
supaya dia dapat menghibur dan menolongnya
La pobre belleza estaba muy triste al principio.
Si cantik yang malang itu sangat bersedih pada mulanya
Ella estaba afligida por la pérdida de su fortuna.
dia berasa sedih dengan kehilangan hartanya
"Pero llorar no cambiará mi suerte"
"tetapi menangis tidak akan mengubah nasib saya"
"Debo intentar ser feliz sin riquezas"
"Saya mesti cuba membahagiakan diri saya tanpa kekayaan"
Llegaron a su casa de campo
mereka datang ke rumah negara mereka
y el comerciante y sus tres hijos se dedicaron a la agricultura
dan saudagar itu dan ketiga-tiga anaknya berusaha untuk berternak
Bella se levantó a las cuatro de la mañana.
kecantikan meningkat pada pukul empat pagi
y se apresuró a limpiar la casa

dan dia bergegas membersihkan rumah
y se aseguró de que la cena estuviera lista
dan dia memastikan makan malam sudah siap
Al principio encontró su nueva vida muy difícil.
pada mulanya dia mendapati kehidupan barunya sangat sukar
porque no estaba acostumbrada a ese tipo de trabajo
kerana dia tidak biasa dengan kerja sebegitu
Pero en menos de dos meses se hizo más fuerte.
tetapi dalam masa kurang dari dua bulan dia menjadi lebih kuat
Y ella estaba más sana que nunca.
dan dia lebih sihat berbanding sebelum ini
Después de haber hecho su trabajo, leyó
selepas dia membuat kerja dia membaca
Ella tocaba el clavicémbalo
dia bermain harpsichord
o cantaba mientras hilaba seda
atau dia menyanyi sambil memutar sutera
Por el contrario, sus dos hermanas no sabían cómo pasar el tiempo.
sebaliknya, dua kakaknya tidak tahu bagaimana untuk menghabiskan masa mereka
Se levantaron a las diez y no hicieron nada más que holgazanear todo el día.
mereka bangun pada pukul sepuluh dan tidak melakukan apa-apa selain bermalas-malasan sepanjang hari
Lamentaron la pérdida de sus hermosas ropas.
mereka meratapi kehilangan pakaian indah mereka
y se quejaron de perder a sus conocidos
dan mereka mengadu tentang kehilangan kenalan mereka
"Mirad a nuestra hermana menor", se dijeron.
"Lihatlah adik bongsu kita," kata mereka sesama sendiri
"¡Qué criatura tan pobre y estúpida es!"
"Makhluk yang miskin dan bodoh dia"
"Es mezquino contentarse con tan poco"

"Ini bermakna untuk berpuas hati dengan sedikit"
El amable comerciante tenía una opinión muy diferente.
peniaga yang baik hati itu agak berbeza pendapat
Él sabía muy bien que Bella eclipsaba a sus hermanas.
dia tahu betul kecantikan itu mengatasi adik-adiknya
Ella los eclipsó tanto en carácter como en mente.
dia mengatasi mereka dalam perwatakan serta fikiran
Él admiraba su humildad y su arduo trabajo.
dia mengagumi kerendahan hati dan kerja kerasnya
Pero sobre todo admiraba su paciencia.
tetapi yang paling penting dia mengagumi kesabarannya
Sus hermanas le dejaron todo el trabajo por hacer.
adik-adiknya meninggalkan semua kerja yang perlu dilakukan
y la insultaban a cada momento
dan mereka menghinanya setiap saat
La familia había vivido así durante aproximadamente un año.
Keluarga itu telah hidup seperti ini selama lebih kurang setahun
Entonces el comerciante recibió una carta de un contable.
kemudian saudagar itu mendapat surat daripada seorang akauntan
Tenía una inversión en un barco.
dia mempunyai pelaburan dalam sebuah kapal
y el barco había llegado sano y salvo
dan kapal telah selamat sampai
Esta noticia hizo que las dos hijas mayores se volvieran locas.
t beritanya memusingkan kepala dua anak perempuan sulung itu
Inmediatamente tuvieron esperanzas de regresar a la ciudad.
mereka segera mempunyai harapan untuk kembali ke bandar
Porque estaban bastante cansados de la vida en el campo.
kerana mereka agak bosan dengan kehidupan desa
Fueron a ver a su padre cuando él se iba.

mereka pergi kepada bapa mereka ketika dia akan pergi
Le rogaron que les comprara ropa nueva
mereka memohon supaya dia membelikan mereka pakaian baru
Vestidos, cintas y todo tipo de cositas.
pakaian, reben, dan segala macam perkara kecil
Pero Bella no pedía nada.
tetapi kecantikan tidak meminta apa-apa
Porque pensó que el dinero no sería suficiente.
kerana dia fikir wang itu tidak akan mencukupi
No habría suficiente para comprar todo lo que sus hermanas querían.
tidak akan cukup untuk membeli semua yang adik-adiknya inginkan
- ¿Qué te gustaría, Bella? -preguntó su padre.
"Apa yang awak mahu, cantik?" tanya ayahnya
"Gracias, padre, por la bondad de pensar en mí", dijo.
"Terima kasih, ayah, atas kebaikan untuk memikirkan saya," katanya
"Padre, ten la amabilidad de traerme una rosa"
"Ayah, tolonglah bawakan saya sekuntum bunga mawar"
"Porque aquí en el jardín no crecen rosas"
"kerana tiada bunga ros tumbuh di sini di taman"
"y las rosas son una especie de rareza"
"dan bunga ros adalah sejenis yang jarang berlaku"
A Bella realmente no le importaban las rosas
kecantikan tidak begitu mempedulikan bunga ros
Ella solo pidió algo para no condenar a sus hermanas.
dia hanya meminta sesuatu untuk tidak mengutuk adik-adiknya
Pero sus hermanas pensaron que ella pidió rosas por otros motivos.
tetapi adik-adiknya fikir dia meminta bunga ros atas sebab lain
"Lo hizo sólo para parecer especial"
"dia melakukannya hanya untuk kelihatan istimewa"

El hombre amable continuó su viaje.
Lelaki yang baik hati itu meneruskan perjalanannya
pero cuando llego discutieron sobre la mercancia
tetapi apabila dia tiba mereka bertengkar tentang barang dagangan itu
Y después de muchos problemas volvió tan pobre como antes.
dan selepas banyak kesusahan dia kembali miskin seperti dahulu
Estaba a un par de horas de su propia casa.
dia berada dalam masa beberapa jam dari rumahnya sendiri
y ya imaginaba la alegría de ver a sus hijos
dan dia sudah membayangkan kegembiraan melihat anak-anaknya
pero al pasar por el bosque se perdió
tapi bila melalui hutan dia tersesat
Llovió y nevó terriblemente
hujan turun dan salji turun dengan lebat
El viento era tan fuerte que lo arrojó del caballo.
angin sangat kuat sehingga melemparkannya dari kudanya
Y la noche se acercaba rápidamente
dan malam tiba dengan cepat
Empezó a pensar que podría morir de hambre.
dia mula berfikir bahawa dia mungkin kelaparan
y pensó que podría morir congelado
dan dia berfikir bahawa dia mungkin mati beku
y pensó que los lobos podrían comérselo
dan dia fikir serigala boleh memakannya
Los lobos que oía aullar a su alrededor
serigala yang dia dengar melolong di sekelilingnya
Pero de repente vio una luz.
tapi tiba-tiba dia nampak satu cahaya
Vio la luz a lo lejos entre los árboles.
dia melihat cahaya dari jauh melalui pepohonan
Cuando se acercó vio que la luz era un palacio.
apabila dia semakin dekat dia melihat cahaya itu adalah

sebuah istana
El palacio estaba iluminado de arriba a abajo.
istana itu diterangi dari atas ke bawah
El comerciante agradeció a Dios por su suerte.
saudagar itu bersyukur kepada Tuhan atas nasibnya
y se apresuró a ir al palacio
dan dia bergegas ke istana
Pero se sorprendió al no ver gente en el palacio.
tetapi dia terkejut melihat tiada orang di dalam istana
El patio estaba completamente vacío.
halaman mahkamah itu benar-benar kosong
y no había señales de vida en ninguna parte
dan tiada tanda-tanda kehidupan di mana-mana
Su caballo lo siguió hasta el palacio.
kudanya mengikutinya ke dalam istana
y luego su caballo encontró un gran establo
dan kemudian kudanya mendapati kandang besar
El pobre animal estaba casi muerto de hambre.
haiwan malang itu hampir kelaparan
Entonces su caballo fue a buscar heno y avena.
jadi kudanya masuk untuk mencari jerami dan oat
Afortunadamente encontró mucho para comer.
mujur dia dapat makan banyak
y el mercader ató su caballo al pesebre
dan saudagar itu mengikat kudanya pada palungan
Caminando hacia la casa no vio a nadie.
w alking menuju ke rumah dia tidak nampak sesiapa
Pero en un gran salón encontró un buen fuego.
tetapi dalam dewan yang besar dia mendapati api yang baik
y encontró una mesa puesta para uno
dan dia menjumpai set meja untuk satu
Estaba mojado por la lluvia y la nieve.
dia basah oleh hujan dan salji
Entonces se acercó al fuego para secarse.
jadi dia pergi dekat api untuk mengeringkan dirinya
"Espero que el dueño de la casa me disculpe"

"Saya harap tuan rumah akan maafkan saya"
"Supongo que no tardará mucho en aparecer alguien"
"Saya rasa ia tidak akan mengambil masa yang lama untuk seseorang muncul"
Esperó un tiempo considerable
Dia menunggu agak lama
Esperó hasta que dieron las once y todavía no venía nadie.
dia menunggu sehingga pukul sebelas, dan masih tiada siapa yang datang
Al final tenía tanta hambre que no podía esperar más.
akhirnya dia sangat lapar sehingga dia tidak boleh menunggu lagi
Tomó un poco de pollo y se lo comió en dos bocados.
dia mengambil sedikit ayam dan memakannya dalam dua suapan
Estaba temblando mientras comía la comida.
dia terketar-ketar semasa memakan makanan itu
Después de esto bebió unas copas de vino.
selepas ini dia minum beberapa gelas arak
Cada vez más valiente, salió del salón.
semakin berani dia keluar dari dewan
y atravesó varios grandes salones
dan dia menyeberang melalui beberapa dewan besar
Caminó por el palacio hasta llegar a una cámara.
dia berjalan melalui istana sehingga dia masuk ke dalam bilik
Una habitación que tenía una cama muy buena.
sebuah bilik yang mempunyai katil yang sangat baik di dalamnya
Estaba muy fatigado por su terrible experiencia.
dia sangat penat dengan ujian yang dialaminya
Y ya era pasada la medianoche
dan waktu sudah lewat tengah malam
Entonces decidió que era mejor cerrar la puerta.
jadi dia memutuskan adalah yang terbaik untuk menutup pintu
y concluyó que debía irse a la cama

dan dia membuat kesimpulan bahawa dia harus pergi tidur
Eran las diez de la mañana cuando el comerciante se despertó.
Pukul sepuluh pagi barulah saudagar itu bangun
Justo cuando iba a levantarse vio algo
baru sahaja dia hendak bangun dia ternampak sesuatu
Se sorprendió al ver un conjunto de ropa limpia.
dia terperanjat melihat satu set pakaian yang bersih
En el lugar donde había dejado su ropa sucia.
di tempat dia telah meninggalkan pakaiannya yang kotor
"**Seguramente este palacio pertenece a algún tipo de hada**"
"sudah tentu istana ini kepunyaan bidadari yang baik hati"
" **Un hada que me ha visto y se ha compadecido de mí**"
" seorang dongeng yang telah melihat dan mengasihani saya"
Miró por una ventana
dia melihat melalui tingkap
Pero en lugar de nieve vio el jardín más delicioso.
tetapi bukannya salji dia melihat taman yang paling menarik
Y en el jardín estaban las rosas más hermosas.
dan di taman itu terdapat bunga ros yang paling indah
Luego regresó al gran salón.
dia kemudian kembali ke dewan besar
El salón donde había tomado sopa la noche anterior.
dewan tempat dia makan sup pada malam sebelumnya
y encontró un poco de chocolate en una mesita
dan dia menjumpai coklat di atas meja kecil
"**Gracias, buena señora hada**", **dijo en voz alta.**
"Terima kasih, Puan Fairy yang baik," katanya lantang
"**Gracias por ser tan cariñoso**"
"terima kasih kerana begitu mengambil berat"
"**Le estoy sumamente agradecido por todos sus favores**"
"Saya amat bertanggungjawab kepada anda untuk semua nikmat anda"
El hombre amable bebió su chocolate.
lelaki yang baik hati itu minum coklatnya
y luego fue a buscar su caballo

dan kemudian dia pergi mencari kudanya
Pero en el jardín recordó la petición de Bella.
tetapi di taman dia teringat permintaan kecantikan
y cortó una rama de rosas
dan dia memotong dahan bunga ros
Inmediatamente oyó un gran ruido
serta-merta dia mendengar bunyi yang hebat
y vio una bestia terriblemente espantosa
dan dia melihat seekor binatang yang amat menakutkan
Estaba tan asustado que estaba a punto de desmayarse.
dia sangat takut sehingga dia bersedia untuk pengsan
-Eres muy desagradecido -le dijo la bestia.
"Kamu sangat tidak berterima kasih," kata binatang itu kepadanya
Y la bestia habló con voz terrible
dan binatang itu bercakap dengan suara yang mengerikan
"Te he salvado la vida al permitirte entrar en mi castillo"
"Saya telah menyelamatkan nyawa awak dengan membenarkan awak masuk ke dalam istana saya"
"¿Y a cambio me robas mis rosas?"
"dan untuk ini awak mencuri bunga ros saya sebagai balasan?"
"Las rosas que valoro más que nada"
"Mawar yang saya hargai melebihi apa-apa"
"Pero morirás por lo que has hecho"
"tetapi kamu akan mati kerana apa yang kamu telah lakukan"
"Sólo te doy un cuarto de hora para que te prepares"
"Saya beri awak hanya seperempat jam untuk mempersiapkan diri"
"Prepárate para la muerte y di tus oraciones"
"Bersedialah untuk menghadapi kematian dan berdoalah"
El comerciante cayó de rodillas
saudagar itu jatuh melutut
y alzó ambas manos
dan dia mengangkat kedua tangannya
"Mi señor, le ruego que me perdone"

"Tuanku, patik mohon ampunkan aku"
"No tuve intención de ofenderte"
"Saya tidak berniat untuk menyinggung perasaan awak"
"Recogí una rosa para una de mis hijas"
"Saya mengumpulkan sekuntum mawar untuk salah seorang anak perempuan saya"
"Ella me pidió que le trajera una rosa"
"dia minta saya bawakan sekuntum bunga ros"
-No soy tu señor, pero soy una bestia -respondió el monstruo.
"Saya bukan tuanmu, tetapi saya seekor binatang," jawab raksasa itu
"No me gustan los cumplidos"
"Saya tidak suka pujian"
"Me gusta la gente que habla como piensa"
"Saya suka orang yang bercakap seperti yang mereka fikirkan"
"No creas que me puedo conmover con halagos"
"jangan bayangkan saya boleh terharu dengan sanjungan"
"Pero dices que tienes hijas"
"Tapi awak cakap awak ada anak perempuan"
"Te perdonaré con una condición"
"Saya akan maafkan awak dengan satu syarat"
"Una de tus hijas debe venir voluntariamente a mi palacio"
"salah seorang anak perempuan kamu mesti datang ke istana saya dengan rela hati"
"y ella debe sufrir por ti"
"dan dia mesti menderita untuk awak"
"Déjame tener tu palabra"
"Izinkan saya menyampaikan kata-kata anda"
"Y luego podrás continuar con tus asuntos"
"dan kemudian anda boleh meneruskan perniagaan anda"
"Prométeme esto:"
"Janji dengan saya ini:"
"Si tu hija se niega a morir por ti, deberás regresar dentro de tres meses"
"Jika anak perempuan anda enggan mati untuk anda, anda

mesti kembali dalam masa tiga bulan"
El comerciante no tenía intenciones de sacrificar a sus hijas.
saudagar itu tidak berniat untuk mengorbankan anak perempuannya
Pero, como le habían dado tiempo, quiso volver a ver a sus hijas.
tetapi, memandangkan dia diberi masa, dia ingin berjumpa dengan anak-anak perempuannya sekali lagi
Así que prometió que volvería.
jadi dia berjanji akan kembali
Y la bestia le dijo que podía partir cuando quisiera.
dan binatang itu memberitahunya bahawa dia boleh pergi apabila dia mahu
y la bestia le dijo una cosa más
dan binatang itu memberitahunya satu perkara lagi
"No te irás con las manos vacías"
"kamu tidak boleh pergi dengan tangan kosong"
"Vuelve a la habitación donde yacías"
"Balik ke bilik tempat awak berbaring"
"Verás un gran cofre del tesoro vacío"
"anda akan melihat peti harta karun yang besar"
"Llena el cofre del tesoro con lo que más te guste"
"isi peti harta karun dengan apa sahaja yang anda suka"
"y enviaré el cofre del tesoro a tu casa"
"dan saya akan menghantar peti harta karun ke rumah anda"
Y al mismo tiempo la bestia se retiró.
dan pada masa yang sama binatang itu berundur
"Bueno", se dijo el buen hombre.
"Baiklah," kata lelaki yang baik itu kepada dirinya sendiri
"Si tengo que morir, al menos dejaré algo a mis hijos"
"Jika saya mesti mati, saya akan meninggalkan sesuatu untuk anak-anak saya"
Así que regresó al dormitorio.
jadi dia kembali ke bilik tidur
y encontró una gran cantidad de piezas de oro
dan dia mendapati banyak keping emas

Llenó el cofre del tesoro que la bestia había mencionado.
dia memenuhi peti harta karun yang disebut oleh binatang itu
y sacó su caballo del establo
dan dia mengeluarkan kudanya dari kandang
La alegría que sintió al entrar al palacio ahora era igual al dolor que sintió al salir de él.
kegembiraan yang dirasainya ketika memasuki istana itu kini menyamai kesedihan yang dirasainya meninggalkannya
El caballo tomó uno de los caminos del bosque.
kuda itu mengambil salah satu jalan di hutan
Y en pocas horas el buen hombre estaba en casa.
dan dalam beberapa jam lelaki yang baik itu telah pulang
Sus hijos vinieron a él
anak-anaknya datang kepadanya
Pero en lugar de recibir sus abrazos con placer, los miró.
tetapi daripada menerima pelukan mereka dengan senang hati, dia memandang mereka
Levantó la rama que tenía en sus manos.
dia mengangkat dahan yang ada di tangannya
y luego estalló en lágrimas
dan kemudian dia menangis
"Belleza", dijo, "por favor toma estas rosas".
"Cantik," katanya, "tolong ambil mawar ini"
"No puedes saber lo costosas que han sido estas rosas"
"anda tidak boleh tahu betapa mahalnya bunga mawar ini"
"Estas rosas le han costado la vida a tu padre"
"bunga ros ini telah meragut nyawa ayah kamu"
Y luego contó su fatal aventura.
dan kemudian dia menceritakan pengembaraan mautnya
Inmediatamente las dos hermanas mayores gritaron.
serta-merta dua orang kakak sulung itu menjerit
y le dijeron muchas cosas malas a su hermosa hermana
dan mereka berkata banyak perkara jahat kepada kakak mereka yang cantik
Pero Bella no lloró en absoluto.
tetapi kecantikan tidak menangis sama sekali

"Mirad el orgullo de ese pequeño desgraciado", dijeron.
"Lihatlah kebanggaan si celaka kecil itu," kata mereka
"ella no pidió ropa fina"
"dia tidak meminta pakaian yang bagus"
"Ella debería haber hecho lo que hicimos"
"dia sepatutnya melakukan apa yang kita lakukan"
"ella quería distinguirse"
"dia mahu membezakan dirinya"
"Así que ahora ella será la muerte de nuestro padre"
"jadi sekarang dia akan menjadi kematian ayah kita"
"Y aún así no derrama ni una lágrima"
"namun dia tidak menitiskan air mata"
"¿Por qué debería llorar?" respondió Bella
"Kenapa saya perlu menangis?" jawab kecantikan
"Llorar sería muy innecesario"
"menangis akan menjadi sangat sia-sia"
"mi padre no sufrirá por mí"
"Ayah saya tidak akan menderita untuk saya"
"El monstruo aceptará a una de sus hijas"
"raksasa itu akan menerima salah seorang anak perempuannya"
"Me ofreceré a toda su furia"
"Saya akan mempersembahkan diri saya kepada semua kemarahannya"
"Estoy muy feliz, porque mi muerte salvará la vida de mi padre"
"Saya sangat gembira, kerana kematian saya akan menyelamatkan nyawa ayah saya"
"mi muerte será una prueba de mi amor"
"kematianku akan menjadi bukti cintaku"
-No, hermana -dijeron sus tres hermanos.
"Tidak, kakak," kata tiga orang abangnya
"Eso no será"
"itu tidak akan menjadi"
"Iremos a buscar al monstruo"
"kita akan pergi mencari raksasa itu"

"y o lo matamos..."
"dan sama ada kita akan membunuhnya..."
"...o pereceremos en el intento"
"... atau kita akan binasa dalam percubaan"
"No imaginéis tal cosa, hijos míos", dijo el mercader.
"Jangan bayangkan perkara seperti itu, anak-anakku," kata saudagar itu
"El poder de la bestia es tan grande que no tengo esperanzas de que puedas vencerlo"
"Kekuatan binatang itu sangat hebat sehingga saya tidak berharap anda dapat mengatasinya"
"Estoy encantado con la amable y generosa oferta de Bella"
"Saya terpesona dengan tawaran cantik dan murah hati"
"pero no puedo aceptar su generosidad"
"tetapi saya tidak boleh menerima kemurahan hatinya"
"Soy viejo y no me queda mucho tiempo de vida"
"Saya sudah tua, dan saya tidak mempunyai masa yang lama untuk hidup"
"Así que sólo puedo perder unos pocos años"
"jadi saya hanya boleh kehilangan beberapa tahun"
"Tiempo que lamento por vosotros, mis queridos hijos"
"masa yang saya kesalkan untuk kamu, anak-anakku sayang"
"Pero padre", dijo Bella
"Tetapi ayah," kata kecantikan
"No irás al palacio sin mí"
"anda tidak boleh pergi ke istana tanpa saya"
"No puedes impedir que te siga"
"Anda tidak boleh menghalang saya daripada mengikuti anda"
Nada podría convencer a Bella de lo contrario.
tiada apa yang boleh meyakinkan kecantikan sebaliknya
Ella insistió en ir al bello palacio.
dia berkeras untuk pergi ke istana yang indah itu
y sus hermanas estaban encantadas con su insistencia
dan adik-adiknya gembira dengan desakannya
El comerciante estaba preocupado ante la idea de perder a su

hija.
Peniaga itu bimbang apabila memikirkan kehilangan anak perempuannya
Estaba tan preocupado que se había olvidado del cofre lleno de oro.
dia sangat risau sehinggakan dia terlupa tentang dada yang penuh dengan emas
Por la noche se retiró a descansar y cerró la puerta de su habitación.
pada waktu malam dia bersara untuk berehat, dan dia menutup pintu biliknya
Entonces, para su gran asombro, encontró el tesoro junto a su cama.
kemudian, dengan kehairanan yang besar, dia mendapati harta itu di sebelah katilnya
Estaba decidido a no contárselo a sus hijos.
dia bertekad untuk tidak memberitahu anak-anaknya
Si lo supieran, hubieran querido regresar al pueblo.
kalau mereka tahu, pasti mereka mahu pulang ke bandar
y estaba decidido a no abandonar el campo
dan dia bertekad untuk tidak meninggalkan kawasan luar bandar
Pero él confió a Bella el secreto.
tetapi dia mempercayai kecantikan dengan rahsia itu
Ella le informó que dos caballeros habían llegado.
dia memberitahunya bahawa dua orang lelaki telah datang
y le hicieron propuestas a sus hermanas
dan mereka melamar adik-adiknya
Ella le rogó a su padre que consintiera su matrimonio.
dia merayu ayahnya untuk merestui perkahwinan mereka
y ella le pidió que les diera algo de su fortuna
dan dia memintanya untuk memberikan mereka sebahagian daripada kekayaannya
Ella ya los había perdonado.
dia sudah memaafkan mereka
Las malvadas criaturas se frotaron los ojos con cebollas.

makhluk jahat itu menggosok mata mereka dengan bawang
Para forzar algunas lágrimas cuando se separaron de su hermana.
untuk memaksa beberapa air mata apabila mereka berpisah dengan kakak mereka
Pero sus hermanos realmente estaban preocupados.
tetapi abang-abangnya benar-benar prihatin
Bella fue la única que no derramó ninguna lágrima.
kecantikan adalah satu-satunya yang tidak menitiskan air mata
Ella no quería aumentar su malestar.
dia tidak mahu menambah keresahan mereka
El caballo tomó el camino directo al palacio.
kuda itu mengambil jalan terus ke istana
y hacia la tarde vieron el palacio iluminado
dan menjelang petang mereka melihat istana yang bercahaya
El caballo volvió a entrar solo en el establo.
kuda itu membawa dirinya ke dalam kandang semula
Y el buen hombre y su hija entraron en el gran salón.
dan lelaki yang baik dan anak perempuannya pergi ke dewan besar
Aquí encontraron una mesa espléndidamente servida.
di sini mereka mendapati sebuah meja yang terhidang dengan indah
El comerciante no tenía apetito para comer
saudagar itu tidak berselera untuk makan
Pero Bella se esforzó por parecer alegre.
tetapi kecantikan berusaha untuk kelihatan ceria
Ella se sentó a la mesa y ayudó a su padre.
dia duduk di meja dan membantu ayahnya
Pero también pensó para sí misma:
tetapi dia juga berfikir pada dirinya sendiri:
"La bestia seguramente quiere engordarme antes de comerme"
"Binatang pasti mahu menggemukkan saya sebelum dia memakan saya"

"Por eso ofrece tanto entretenimiento"
"sebab itu dia menyediakan hiburan yang banyak"
Después de haber comido oyeron un gran ruido.
selepas mereka makan mereka mendengar bunyi yang kuat
Y el comerciante se despidió de su desdichado hijo con lágrimas en los ojos.
dan saudagar itu mengucapkan selamat tinggal kepada anaknya yang malang itu, dengan linangan air mata
Porque sabía que la bestia venía
kerana dia tahu binatang itu akan datang
Bella estaba aterrorizada por su horrible forma.
kecantikan sangat takut dengan bentuknya yang mengerikan
Pero ella tomó coraje lo mejor que pudo.
tetapi dia mengambil keberanian sebaik mungkin
Y el monstruo le preguntó si venía voluntariamente.
dan raksasa itu bertanya kepadanya sama ada dia datang dengan rela
-Sí, he venido voluntariamente -dijo temblando.
"Ya, saya datang dengan rela hati," katanya terketar-ketar
La bestia respondió: "Eres muy bueno"
binatang itu menjawab, "Kamu sangat baik"
"Y te lo agradezco mucho, hombre honesto"
"dan saya sangat berkewajiban kepada anda; orang yang jujur"
"Continuad vuestro camino mañana por la mañana"
"pergilah esok pagi"
"Pero nunca pienses en venir aquí otra vez"
"tetapi jangan pernah terfikir untuk datang ke sini lagi"
"Adiós bella, adiós bestia", respondió.
"Selamat tinggal kecantikan, selamat tinggal binatang," jawabnya
Y de inmediato el monstruo se retiró.
dan segera raksasa itu berundur
"Oh, hija", dijo el comerciante.
"Oh, anak perempuan," kata saudagar itu
y abrazó a su hija una vez más

dan dia memeluk anak perempuannya sekali lagi
"Estoy casi muerto de miedo"
"Saya hampir mati ketakutan"
"Créeme, será mejor que regreses"
"Percayalah, lebih baik kamu kembali"
"déjame quedarme aquí, en tu lugar"
"biar saya tinggal di sini, bukannya awak"
—No, padre —dijo Bella con tono decidido.
"Tidak, ayah," kata kecantikan, dengan nada tegas
"Partirás mañana por la mañana"
"Esok pagi kamu akan berangkat"
"déjame al cuidado y protección de la providencia"
"serahkan saya kepada pemeliharaan dan perlindungan rezeki"
Aún así se fueron a la cama
walau bagaimanapun mereka pergi tidur
Pensaron que no cerrarían los ojos en toda la noche.
mereka fikir mereka tidak akan menutup mata sepanjang malam
pero justo cuando se acostaron se durmieron
tetapi hanya ketika mereka berbaring mereka tidur
Bella soñó que una bella dama se acercó y le dijo:
kecantikan bermimpi seorang wanita cantik datang dan berkata kepadanya:
"Estoy contento, bella, con tu buena voluntad"
"Saya berpuas hati, cantik, dengan kehendak baik anda"
"Esta buena acción tuya no quedará sin recompensa"
"Tindakan baik kamu ini tidak akan sia-sia"
Bella se despertó y le contó a su padre su sueño.
kecantikan bangun dan memberitahu ayahnya mimpinya
El sueño ayudó a consolarlo un poco.
mimpi itu membantu untuk menghiburkannya sedikit
Pero no pudo evitar llorar amargamente mientras se marchaba.
tetapi dia tidak dapat menahan tangisannya ketika dia akan pergi

Tan pronto como se fue, Bella se sentó en el gran salón y lloró también.
sebaik sahaja dia pergi, kecantikan duduk di dewan besar dan menangis juga
Pero ella decidió no sentirse inquieta.
tetapi dia memutuskan untuk tidak berasa gelisah
Ella decidió ser fuerte por el poco tiempo que le quedaba de vida.
dia memutuskan untuk menjadi kuat untuk sedikit masa yang dia tinggalkan untuk hidup
Porque creía firmemente que la bestia la comería.
kerana dia sangat percaya binatang itu akan memakannya
Sin embargo, pensó que también podría explorar el palacio.
Walau bagaimanapun, dia fikir dia juga boleh meneroka istana
y ella quería ver el hermoso castillo
dan dia mahu melihat istana yang indah itu
Un castillo que no pudo evitar admirar.
sebuah istana yang dia tidak dapat mengelak mengagumi
Era un palacio deliciosamente agradable.
ia adalah sebuah istana yang menyenangkan
y ella se sorprendió muchísimo al ver una puerta
dan dia sangat terkejut apabila melihat sebuah pintu
Y sobre la puerta estaba escrito que era su habitación.
dan di atas pintu itu tertulis bahawa itu adalah biliknya
Ella abrió la puerta apresuradamente
dia membuka pintu dengan tergesa-gesa
y ella quedó completamente deslumbrada con la magnificencia de la habitación.
dan dia agak terpesona dengan kemegahan bilik itu
Lo que más le llamó la atención fue una gran biblioteca.
apa yang paling menarik perhatiannya ialah sebuah perpustakaan yang besar
Un clavicémbalo y varios libros de música.
sebuah harpsichord dan beberapa buku muzik
"Bueno", se dijo a sí misma.

"Nah," katanya kepada dirinya sendiri
"Veo que la bestia no dejará que mi tiempo cuelgue pesadamente"
"Saya melihat binatang itu tidak akan membiarkan masa saya tergantung berat"
Entonces reflexionó sobre su situación.
kemudian dia merenung sendiri tentang keadaannya
"Si me hubiera quedado un día, todo esto no estaría aquí"
"Jika saya dimaksudkan untuk tinggal sehari, semua ini tidak akan ada di sini"
Esta consideración le inspiró nuevo coraje.
pertimbangan ini memberi inspirasi kepadanya dengan keberanian yang segar
y tomó un libro de su nueva biblioteca
dan dia mengambil buku dari perpustakaan baharunya
y leyó estas palabras en letras doradas:
dan dia membaca kata-kata ini dalam huruf emas:
"Bienvenida Bella, destierra el miedo"
"Selamat datang cantik, buang ketakutan"
"Eres reina y señora aquí"
"Anda adalah permaisuri dan perempuan simpanan di sini"
"Di tus deseos, di tu voluntad"
"Cakap kehendak anda, luahkan kehendak anda"
"Aquí la obediencia rápida cumple tus deseos"
"Ketaatan pantas memenuhi kehendak anda di sini"
"¡Ay!", dijo ella con un suspiro.
"Aduhai," katanya sambil mengeluh
"Lo que más deseo es ver a mi pobre padre"
"Paling penting saya ingin melihat ayah saya yang malang"
"y me gustaría saber qué está haciendo"
"dan saya ingin tahu apa yang dia lakukan"
Tan pronto como dijo esto se dio cuenta del espejo.
Sebaik sahaja dia berkata demikian, dia melihat cermin itu
Para su gran asombro, vio su propia casa en el espejo.
sangat hairan dia melihat rumahnya sendiri di cermin
Su padre llegó emocionalmente agotado.

bapanya tiba dalam keadaan letih
Sus hermanas fueron a recibirlo
adik-adiknya pergi menemuinya
A pesar de sus intentos de parecer tristes, su alegría era visible.
walaupun mereka cuba untuk kelihatan sedih, kegembiraan mereka dapat dilihat
Un momento después todo desapareció
sekejap kemudian semuanya hilang
Y las aprensiones de Bella también desaparecieron.
dan kebimbangan kecantikan juga hilang
porque sabía que podía confiar en la bestia
kerana dia tahu dia boleh mempercayai binatang itu
Al mediodía encontró la cena lista.
Pada tengah hari dia mendapati makan malam sudah siap
Ella se sentó a la mesa
dia duduk di meja
y se entretuvo con un concierto de música
dan dia dihiburkan dengan konsert muzik
Aunque no podía ver a nadie
walaupun dia tidak dapat melihat sesiapa pun
Por la noche se sentó a cenar otra vez
pada waktu malam dia duduk untuk makan malam lagi
Esta vez escuchó el ruido que hizo la bestia.
kali ini dia mendengar bunyi yang dibuat oleh binatang itu
y ella no pudo evitar estar aterrorizada
dan dia tidak dapat menahan ketakutan
"belleza", dijo el monstruo
"kecantikan," kata raksasa itu
"¿Me permites comer contigo?"
"Awak benarkan saya makan dengan awak?"
"Haz lo que quieras", respondió Bella temblando.
"buat sesuka hati," jawab kecantikan terketar-ketar
"No", respondió la bestia.
"Tidak," jawab binatang itu
"Sólo tú eres la señora aquí"

"anda seorang perempuan simpanan di sini"
"Puedes despedirme si soy problemático"
"awak boleh hantar saya pergi kalau saya susah"
"Despídeme y me retiraré inmediatamente"
"Hantar saya pergi dan saya akan segera menarik diri"
-Pero dime, ¿no te parece que soy muy fea?
"Tetapi, beritahu saya; adakah anda tidak fikir saya sangat hodoh?"
"Eso es verdad", dijo Bella.
"Itu benar," kata kecantikan
"No puedo decir una mentira"
"Saya tidak boleh bercakap bohong"
"Pero creo que tienes muy buen carácter"
"tetapi saya percaya awak sangat baik"
"Sí, lo soy", dijo el monstruo.
"Saya memang," kata raksasa itu
"Pero aparte de mi fealdad, tampoco tengo sentido"
"Tetapi selain dari keburukan saya, saya juga tidak mempunyai akal"
"Sé muy bien que soy una criatura tonta"
"Saya tahu betul bahawa saya adalah makhluk yang bodoh"
—No es ninguna locura pensar así —replicó Bella.
"Ia bukan tanda kebodohan untuk berfikir begitu," jawab kecantikan
"Come entonces, bella", dijo el monstruo.
"Makan kemudian, cantik," kata raksasa itu
"Intenta divertirte en tu palacio"
"cuba berhibur di istanamu"
"Todo aquí es tuyo"
"semua di sini adalah milik anda"
"Y me sentiría muy incómodo si no fueras feliz"
"dan saya akan berasa sangat tidak senang jika anda tidak gembira"
-Eres muy servicial -respondió Bella.
"Anda sangat mewajibkan," jawab kecantikan
"Admito que estoy complicado con su amabilidad"

"Saya akui saya redha dengan kebaikan awak"
"Y cuando considero tu bondad, apenas noto tus deformidades"
"dan apabila saya mempertimbangkan kebaikan anda, saya hampir tidak menyedari kecacatan anda"
"Sí, sí", dijo la bestia, "mi corazón es bueno".
"Ya, ya," kata binatang itu, "hati saya baik
"Pero aunque soy bueno, sigo siendo un monstruo"
"tetapi walaupun saya baik, saya tetap raksasa"
"Hay muchos hombres que merecen ese nombre más que tú"
"Terdapat ramai lelaki yang lebih berhak mendapat nama itu daripada kamu"
"Y te prefiero tal como eres"
"dan saya lebih suka awak seadanya"
"y te prefiero más que a aquellos que esconden un corazón ingrato"
"dan aku lebih mengutamakan kamu daripada mereka yang menyembunyikan hati yang kufur"
"Si tuviera algo de sentido común", respondió la bestia.
"Sekiranya saya mempunyai akal," jawab binatang itu
"Si tuviera sentido común, te haría un buen cumplido para agradecerte"
"Jika saya mempunyai akal, saya akan membuat pujian yang baik untuk mengucapkan terima kasih"
"Pero soy tan aburrida"
"tetapi saya sangat membosankan"
"Sólo puedo decir que le estoy muy agradecido"
"Saya hanya boleh mengatakan bahawa saya sangat bertanggungjawab kepada anda"
Bella comió una cena abundante
kecantikan makan malam yang enak
y ella casi había superado su miedo al monstruo
dan dia telah hampir menakluki ketakutannya terhadap raksasa itu
Pero ella quería desmayarse cuando la bestia le hizo la siguiente pregunta.

tetapi dia mahu pengsan apabila binatang itu bertanya kepadanya soalan seterusnya

"Belleza, ¿quieres ser mi esposa?"
"cantik, sudikah awak menjadi isteri saya?"
Ella tardó un tiempo antes de poder responder.
dia mengambil sedikit masa sebelum dia boleh menjawab
Porque tenía miedo de hacerlo enojar
kerana dia takut membuat dia marah
Al final, sin embargo, dijo: "No, bestia".
akhirnya, bagaimanapun, dia berkata "tidak, binatang"
Inmediatamente el pobre monstruo silbó muy espantosamente.
serta-merta raksasa malang itu mendesis dengan sangat menakutkan
y todo el palacio hizo eco
dan seluruh istana bergema
Pero Bella pronto se recuperó de su susto.
tetapi kecantikan segera pulih daripada ketakutannya
porque la bestia volvió a hablar con voz triste
kerana binatang itu bercakap lagi dengan suara yang sedih
"Entonces adiós, belleza"
"maka selamat tinggal, cantik"
y sólo se volvía de vez en cuando
dan dia hanya menoleh ke belakang
mirarla mientras salía
untuk melihatnya semasa dia keluar
Ahora Bella estaba sola otra vez
kini kecantikan kembali bersendirian
Ella sintió mucha compasión
dia berasa amat belas kasihan
"Ay, es una lástima"
"Aduhai, seribu kesian"
"algo tan bueno no debería ser tan feo"
"sesuatu yang berbudi pekerti yang baik seharusnya tidak begitu hodoh"
Bella pasó tres meses muy contenta en palacio.

kecantikan menghabiskan tiga bulan dengan sangat puas di istana
Todas las noches la bestia le hacía una visita.
setiap petang binatang itu melawatnya
y hablaron durante la cena
dan mereka bercakap semasa makan malam
Hablaban con sentido común
mereka bercakap dengan akal
Pero no hablaban con lo que la gente llama ingenio.
tetapi mereka tidak bercakap dengan apa yang orang panggil wittiness
Bella siempre descubre algún carácter valioso en la bestia.
kecantikan sentiasa menemui beberapa watak berharga dalam binatang itu
y ella se había acostumbrado a su deformidad
dan dia telah terbiasa dengan kecacatannya
Ella ya no temía el momento de su visita.
dia tidak takut masa lawatannya lagi
Ahora a menudo miraba su reloj.
kini dia sering melihat jam tangannya
y ella no podía esperar a que fueran las nueve en punto
dan dia tidak sabar menunggu sehingga pukul sembilan
Porque la bestia nunca dejaba de venir a esa hora
kerana binatang itu tidak pernah ketinggalan datang pada waktu itu
Sólo había una cosa que preocupaba a Bella.
hanya ada satu perkara yang mementingkan kecantikan
Todas las noches antes de irse a dormir la bestia le hacía la misma pregunta.
setiap malam sebelum dia tidur, binatang itu bertanya soalan yang sama
El monstruo le preguntó si sería su esposa.
raksasa itu bertanya kepadanya sama ada dia akan menjadi isterinya
Un día ella le dijo: "bestia, me pones muy nerviosa"
suatu hari dia berkata kepadanya, "binatang, kamu membuat

saya sangat tidak senang"
"Me gustaría poder consentir en casarme contigo"
"Saya harap saya boleh bersetuju untuk berkahwin dengan awak"
"Pero soy demasiado sincero para hacerte creer que me casaría contigo"
"tetapi saya terlalu ikhlas untuk membuat awak percaya saya akan berkahwin dengan awak"
"nuestro matrimonio nunca se realizará"
"perkahwinan kita tidak akan berlaku"
"Siempre te veré como un amigo"
"Saya akan sentiasa melihat awak sebagai kawan"
"Por favor, trate de estar satisfecho con esto"
"sila cuba berpuas hati dengan ini"
"Debo estar satisfecho con esto", dijo la bestia.
"Saya mesti berpuas hati dengan ini," kata binatang itu
"Conozco mi propia desgracia"
"Saya tahu nasib saya sendiri"
"pero te amo con el más tierno cariño"
"tetapi saya mencintai awak dengan kasih sayang yang paling lembut "
"Sin embargo, debo considerarme feliz"
"Namun, saya patut menganggap diri saya gembira"
"Y me alegraría que te quedaras aquí"
"dan saya sepatutnya gembira awak akan tinggal di sini"
"Prométeme que nunca me dejarás"
"berjanjilah pada saya untuk tidak meninggalkan saya"
Bella se sonrojó ante estas palabras.
kecantikan tersipu-sipu mendengar kata-kata ini
Un día Bella se estaba mirando en el espejo.
suatu hari kecantikan sedang melihat cerminnya
Su padre se había preocupado muchísimo por ella.
bapanya telah bimbang dirinya sakit untuk dia
Ella anhelaba verlo de nuevo más que nunca.
dia rindu untuk berjumpa dengannya lagi lebih daripada sebelumnya

"Podría prometerte que nunca te abandonaré por completo"
"Saya boleh berjanji tidak akan meninggalkan awak sepenuhnya"
"Pero tengo un deseo tan grande de ver a mi padre"
"tetapi saya mempunyai keinginan yang sangat besar untuk melihat ayah saya"
"Me molestaría muchísimo si dijeras que no"
"Saya pasti akan kecewa jika anda berkata tidak"
"Preferiría morir yo mismo", dijo el monstruo.
"Saya lebih suka mati sendiri," kata raksasa itu
"Prefiero morir antes que hacerte sentir incómodo"
"Saya lebih rela mati daripada buat awak rasa gelisah"
"Te enviaré con tu padre"
"Saya akan menghantar awak kepada ayah awak"
"**permanecerás con él**"
"kamu tetap bersamanya"
"**y esta desafortunada bestia morirá de pena en su lugar**"
"dan binatang malang ini akan mati dengan kesedihan sebaliknya"
"No", dijo Bella, llorando.
"Tidak," kata kecantikan sambil menangis
"**Te amo demasiado para ser la causa de tu muerte**"
"Saya terlalu sayangkan awak untuk menjadi punca kematian awak"
"**Te doy mi promesa de regresar en una semana**"
"Saya berjanji kepada awak untuk kembali dalam masa seminggu"
"**Me has demostrado que mis hermanas están casadas**"
"Anda telah menunjukkan kepada saya bahawa adik-beradik saya telah berkahwin"
"**y mis hermanos se han ido al ejército**"
"dan saudara-saudara saya telah pergi ke tentera"
"**déjame quedarme una semana con mi padre, ya que está solo**"
"Izinkan saya tinggal seminggu dengan ayah saya, kerana dia keseorangan"

"Estarás allí mañana por la mañana", dijo la bestia.
"Esok pagi kamu akan berada di sana," kata binatang itu
"pero recuerda tu promesa"
"tapi ingat janji awak"
"Solo tienes que dejar tu anillo sobre una mesa antes de irte a dormir"
"Anda hanya perlu meletakkan cincin anda di atas meja sebelum anda tidur"
"Y luego serás traído de regreso antes de la mañana"
"dan kemudian kamu akan dibawa balik sebelum pagi"
"Adiós querida belleza", suspiró la bestia.
"Selamat tinggal sayang kecantikan," keluh binatang itu
Bella se fue a la cama muy triste esa noche.
Beauty pergi tidur sangat sedih malam itu
Porque no quería ver a la bestia tan preocupada.
kerana dia tidak mahu melihat binatang begitu risau
A la mañana siguiente se encontró en la casa de su padre.
keesokan paginya dia mendapati dirinya berada di rumah ayahnya
Ella hizo sonar una campanita junto a su cama.
dia menekan loceng kecil di tepi katilnya
y la criada dio un grito fuerte
dan pembantu rumah itu menjerit kuat
y su padre corrió escaleras arriba
dan ayahnya berlari ke tingkat atas
Él pensó que iba a morir de alegría.
dia fikir dia akan mati dengan gembira
La sostuvo en sus brazos durante un cuarto de hora.
dia memegangnya dalam pelukannya selama suku jam
Finalmente los primeros saludos terminaron.
akhirnya salam pertama selesai
Bella empezó a pensar en levantarse de la cama.
kecantikan mula berfikir untuk bangun dari katil
pero se dio cuenta de que no había traído ropa
tetapi dia sedar dia tidak membawa pakaian
pero la criada le dijo que había encontrado una caja

tetapi pembantu rumah memberitahu dia telah menjumpai sebuah kotak
El gran baúl estaba lleno de vestidos y batas.
batang besar itu penuh dengan gaun dan gaun
Cada vestido estaba cubierto de oro y diamantes.
setiap gaun ditutup dengan emas dan berlian
Bella agradeció a la Bestia por su amable atención.
kecantikan berterima kasih kepada binatang atas penjagaan baiknya
y tomó uno de los vestidos más sencillos
dan dia mengambil salah satu pakaian yang paling jelas
Ella tenía la intención de regalar los otros vestidos a sus hermanas.
dia berniat untuk memberikan pakaian lain kepada adik-adiknya
Pero ante ese pensamiento el arcón de ropa desapareció.
tetapi pada pemikiran itu dada pakaian hilang
La bestia había insistido en que la ropa era solo para ella.
binatang telah menegaskan pakaian itu adalah untuknya sahaja
Su padre le dijo que ese era el caso.
bapanya memberitahunya bahawa ini adalah kesnya
Y enseguida volvió el baúl de la ropa.
dan serta merta belalai pakaian itu kembali semula
Bella se vistió con su ropa nueva
kecantikan berpakaian sendiri dengan pakaian barunya
Y mientras tanto las doncellas fueron a buscar a sus hermanas.
dan sementara itu pembantu rumah pergi mencari adik-adiknya
Ambas hermanas estaban con sus maridos.
kedua-dua kakaknya bersama suami mereka
Pero sus dos hermanas estaban muy infelices.
tetapi kedua-dua kakaknya sangat tidak berpuas hati
Su hermana mayor se había casado con un caballero muy guapo.

kakak sulungnya telah berkahwin dengan seorang lelaki yang sangat kacak
Pero estaba tan enamorado de sí mismo que descuidó a su esposa.
tetapi dia terlalu sayangkan dirinya sehingga mengabaikan isterinya
Su segunda hermana se había casado con un hombre ingenioso.
kakak keduanya telah berkahwin dengan seorang lelaki yang cerdik
Pero usó su ingenio para atormentar a la gente.
tetapi dia menggunakan kepandaiannya untuk menyeksa orang
Y atormentaba a su esposa sobre todo.
dan dia paling menyeksa isterinya
Las hermanas de Bella la vieron vestida como una princesa
adik-adik kecantikan melihatnya berpakaian seperti seorang puteri
y se enfermaron de envidia
dan mereka muak dengan iri hati
Ahora estaba más bella que nunca
kini dia lebih cantik dari sebelumnya
Su comportamiento cariñoso no pudo sofocar sus celos.
perangai penyayangnya tidak dapat menyekat rasa cemburu mereka
Ella les contó lo feliz que estaba con la bestia.
dia memberitahu mereka betapa gembiranya dia dengan binatang itu
y sus celos estaban a punto de estallar
dan cemburu mereka sedia membuak-buak
Bajaron al jardín a llorar su desgracia.
Mereka turun ke taman untuk menangis tentang nasib malang mereka
"¿En qué sentido esta pequeña criatura es mejor que nosotros?"
"Dalam cara apakah makhluk kecil ini lebih baik daripada

kita?"
"¿Por qué debería estar mucho más feliz?"
"Kenapa dia harus lebih gembira?"
"Hermana", dijo la hermana mayor.
"Adik," kata kakak
"Un pensamiento acaba de golpear mi mente"
"sebuah fikiran hanya terlintas di fikiran saya"
"Intentemos mantenerla aquí más de una semana"
"Mari kita cuba menahannya di sini selama lebih daripada seminggu"
"Quizás esto enfurezca al tonto monstruo"
"Mungkin ini akan menimbulkan kemarahan raksasa bodoh"
"porque ella hubiera faltado a su palabra"
"kerana dia akan melanggar kata-katanya"
"y entonces podría devorarla"
"dan kemudian dia mungkin memakannya"
"Esa es una gran idea", respondió la otra hermana.
"Itu idea yang bagus," jawab kakak yang lain
"Debemos mostrarle la mayor amabilidad posible"
"kita mesti menunjukkan kebaikan kepadanya sebanyak mungkin"
Las hermanas tomaron esta resolución
saudari membuat ini resolusi mereka
y se comportaron con mucho cariño con su hermana
dan mereka sangat menyayangi kakak mereka
La pobre belleza lloró de alegría por toda su bondad.
si cantik yang malang menangis kegembiraan dari segala kebaikan mereka
Cuando la semana se cumplió, lloraron y se arrancaron el pelo.
apabila tamat minggu, mereka menangis dan mengoyakkan rambut mereka
Parecían muy apenados por separarse de ella.
mereka kelihatan sangat menyesal berpisah dengannya
y Bella prometió quedarse una semana más
dan kecantikan berjanji untuk tinggal seminggu lebih lama

Mientras tanto, Bella no pudo evitar reflexionar sobre sí misma.
Sementara itu, kecantikan tidak dapat menahan diri daripada merenung dirinya
Ella se preocupaba por lo que le estaba haciendo a la pobre bestia.
dia bimbang apa yang dia lakukan kepada binatang malang
Ella sabía que lo amaba sinceramente.
dia tahu bahawa dia ikhlas mencintainya
Y ella realmente anhelaba verlo otra vez.
dan dia sangat rindu untuk berjumpa dengannya lagi
La décima noche también la pasó en casa de su padre.
malam kesepuluh dia bermalam di rumah ayahnya juga
Ella soñó que estaba en el jardín del palacio.
dia bermimpi dia berada di taman istana
y soñó que veía a la bestia extendida sobre la hierba
dan dia bermimpi dia melihat binatang itu terbentang di atas rumput
Parecía reprocharle con voz moribunda
dia seolah-olah mencelanya dengan suara yang hampir mati
y la acusó de ingratitud
dan dia menuduhnya tidak berterima kasih
Bella se despertó de su sueño.
kecantikan bangun dari tidurnya
y ella estalló en lágrimas
dan dia menangis
"¿No soy muy malvado?"
"Adakah saya tidak jahat sangat?"
"¿No fue cruel de mi parte actuar tan cruelmente con la bestia?"
"Bukankah saya kejam untuk bertindak begitu tidak baik kepada binatang itu?"
"La bestia hizo todo lo posible para complacerme"
"binatang melakukan segala-galanya untuk menggembirakan saya"
-¿Es culpa suya que sea tan feo?

"Adakah salahnya bahawa dia sangat hodoh?"
¿Es culpa suya que tenga tan poco ingenio?
"Adakah salahnya kerana dia kurang akal?"
"Él es amable y bueno, y eso es suficiente"
"Dia baik dan baik, dan itu sudah memadai"
"¿Por qué me negué a casarme con él?"
"Kenapa saya enggan kahwin dengan dia?"
"Debería estar feliz con el monstruo"
"Saya sepatutnya gembira dengan raksasa itu"
"Mira los maridos de mis hermanas"
"tengok suami adik-adik saya"
"ni el ingenio ni la belleza los hacen buenos"
"kecerdasan, mahupun ketampanan tidak menjadikan mereka baik"
"Ninguno de sus maridos las hace felices"
"suami mereka tidak membahagiakan mereka"
"pero virtud, dulzura de carácter y paciencia"
"tetapi kebajikan, kemanisan perangai, dan kesabaran"
"Estas cosas hacen feliz a una mujer"
"Perkara ini menggembirakan wanita"
"y la bestia tiene todas estas valiosas cualidades"
"dan binatang itu mempunyai semua sifat berharga ini"
"Es cierto; no siento la ternura del afecto por él"
"Memang benar; saya tidak merasakan kelembutan kasih sayang kepadanya"
"Pero encuentro que tengo la más alta gratitud por él"
"tetapi saya rasa saya mempunyai rasa terima kasih yang paling tinggi untuknya"
"y tengo por él la más alta estima"
"dan saya sangat menghormatinya"
"y él es mi mejor amigo"
"dan dia kawan baik saya"
"No lo haré miserable"
"Saya tidak akan membuatnya sengsara"
"Si fuera tan desagradecido nunca me lo perdonaría"
"Sekiranya saya tidak bersyukur, saya tidak akan memaafkan

diri saya sendiri"
Bella puso su anillo sobre la mesa.
Beauty meletakkan cincinnya di atas meja
y ella se fue a la cama otra vez
dan dia tidur semula
Apenas estaba en la cama cuando se quedó dormida.
jarang dia berada di atas katil sebelum dia tertidur
Ella se despertó de nuevo a la mañana siguiente.
dia bangun semula keesokan paginya
Y ella estaba muy contenta de encontrarse en el palacio de la bestia.
dan dia sangat gembira kerana mendapati dirinya berada di dalam istana binatang itu
Ella se puso uno de sus vestidos más bonitos para complacerlo.
dia memakai salah satu pakaiannya yang paling cantik untuk menggembirakannya
y ella esperó pacientemente la tarde
dan dia sabar menunggu petang
llegó la hora deseada
akhirnya masa yang diimpikan tiba
El reloj dio las nueve, pero ninguna bestia apareció
jam menunjukkan pukul sembilan, namun tiada binatang yang muncul
Bella entonces temió haber sido la causa de su muerte.
kecantikan kemudian takut dia telah menjadi punca kematiannya
Ella corrió llorando por todo el palacio.
dia berlari sambil menangis di sekeliling istana
Después de haberlo buscado por todas partes, recordó su sueño.
selepas mencarinya di mana-mana, dia teringat mimpinya
y ella corrió hacia el canal en el jardín
dan dia berlari ke terusan di taman
Allí encontró a la pobre bestia tendida.
di sana dia mendapati binatang malang terbentang

y estaba segura de que lo había matado
dan dia pasti dia telah membunuhnya
Ella se arrojó sobre él sin ningún temor.
dia melemparkan dirinya kepadanya tanpa rasa takut
Su corazón todavía latía
jantungnya masih berdegup kencang
Ella fue a buscar un poco de agua al canal.
dia mengambil sedikit air dari terusan
y derramó el agua sobre su cabeza
dan dia menuangkan air itu ke atas kepalanya
La bestia abrió los ojos y le habló a Bella.
binatang itu membuka matanya dan bercakap tentang kecantikan
"Olvidaste tu promesa"
"Awak lupa janji awak"
"Me rompió el corazón haberte perdido"
"Saya sangat patah hati kerana kehilangan awak"
"Resolví morirme de hambre"
"Saya berazam untuk kelaparan sendiri"
"pero tengo la felicidad de verte una vez más"
"tapi saya gembira dapat berjumpa dengan awak sekali lagi"
"Así tengo el placer de morir satisfecho"
"jadi saya bersenang-senang mati dengan puas"
"No, querida bestia", dijo Bella, "no debes morir".
"Tidak, binatang sayang," kata kecantikan, "kamu tidak boleh mati"
"Vive para ser mi marido"
"Hidup untuk menjadi suami saya"
"Desde este momento te doy mi mano"
"mulai saat ini saya memberikan tangan saya"
"Y juro no ser nadie más que tuyo"
"dan saya bersumpah untuk menjadi milik anda"
"¡Ay! Creí que sólo tenía una amistad para ti"
"Aduhai! Saya tikir saya hanya mempunyai persahabatan untuk awak"
"Pero el dolor que ahora siento me convence;"

"tetapi kesedihan yang saya rasakan sekarang meyakinkan saya;"
"No puedo vivir sin ti"
"Saya tidak boleh hidup tanpa awak"
Bella apenas había dicho estas palabras cuando vio una luz.
beauty scarce telah mengucapkan kata-kata ini apabila dia melihat cahaya
El palacio brillaba con luz
istana berkilauan dengan cahaya
Los fuegos artificiales iluminaron el cielo
bunga api menerangi langit
y el aire se llenó de música
dan udara dipenuhi dengan muzik
Todo daba aviso de algún gran acontecimiento
segala-galanya memberi notis tentang beberapa peristiwa besar
Pero nada podía captar su atención.
tetapi tiada apa yang dapat menarik perhatiannya
Ella se volvió hacia su querida bestia.
dia berpaling kepada binatang kesayangannya
La bestia por la que ella temblaba de miedo
binatang yang baginya dia menggeletar ketakutan
¡**Pero su sorpresa fue grande por lo que vio!**
tetapi kejutannya sangat hebat dengan apa yang dilihatnya!
La bestia había desaparecido
binatang itu telah hilang
En cambio, vio al príncipe más encantador.
sebaliknya dia melihat putera tercantik
Ella había puesto fin al hechizo.
dia telah menamatkan mantera itu
Un hechizo bajo el cual se parecía a una bestia.
mantera di mana dia menyerupai binatang
Este príncipe era digno de toda su atención.
putera raja ini layak mendapat perhatiannya
Pero no pudo evitar preguntar dónde estaba la bestia.
tetapi dia tidak dapat membantu tetapi bertanya di mana

binatang itu
"Lo ves a tus pies", dijo el príncipe.
"Anda melihat dia di kaki anda," kata putera raja
"Un hada malvada me había condenado"
"Seorang peri jahat telah mengutuk saya"
"Debía permanecer en esa forma hasta que una hermosa princesa aceptara casarse conmigo"
"Saya akan kekal dalam bentuk itu sehingga seorang puteri cantik bersetuju untuk mengahwini saya"
"El hada ocultó mi entendimiento"
"peri itu menyembunyikan pemahaman saya"
"Fuiste el único lo suficientemente generoso como para quedar encantado con la bondad de mi temperamento"
"Anda adalah satu-satunya yang cukup murah hati untuk terpesona oleh kebaikan perangai saya"
Bella quedó felizmente sorprendida
kecantikan terkejut dengan gembira
Y le dio la mano al príncipe encantador.
dan dia memberikan putera yang menawan tangannya
Entraron juntos al castillo
mereka pergi bersama-sama ke dalam istana
Y Bella se alegró mucho al encontrar a su padre en el castillo.
dan kecantikan sangat gembira untuk menemui bapanya di istana
y toda su familia estaba allí también
dan seluruh keluarganya juga berada di sana
Incluso Bella dama que apareció en su sueño estaba allí.
malah wanita cantik yang muncul dalam mimpinya juga ada di sana
"Belleza", dijo la dama del sueño.
"Kecantikan," kata wanita dari mimpi itu
"ven y recibe tu recompensa"
"Datang dan terima ganjaran anda"
"Has preferido la virtud al ingenio o la apariencia"
"kamu lebih mengutamakan kebaikan daripada kecerdasan atau rupa"

"Y tú mereces a alguien en quien se unan estas cualidades"
"dan anda layak mendapat seseorang yang mempunyai sifat-sifat ini bersatu"
"vas a ser una gran reina"
"anda akan menjadi ratu yang hebat"
"Espero que el trono no disminuya vuestra virtud"
"Saya harap takhta tidak akan mengurangkan kemuliaan anda"
Entonces el hada se volvió hacia las dos hermanas.
kemudian pari-pari itu menoleh ke arah dua beradik itu
"He visto dentro de vuestros corazones"
"Saya telah melihat di dalam hati anda"
"Y sé toda la malicia que contienen vuestros corazones"
"dan saya tahu semua kedengkian yang terkandung dalam hati kamu"
"Ustedes dos se convertirán en estatuas"
"kamu berdua akan menjadi patung"
"pero mantendréis vuestras mentes"
"tetapi anda akan menjaga fikiran anda"
"estarás a las puertas del palacio de tu hermana"
"Engkau hendaklah berdiri di pintu gerbang istana kakakmu"
"La felicidad de tu hermana será tu castigo"
"kebahagiaan adikmu akan menjadi hukumanmu"
"No podréis volver a vuestros antiguos estados"
"anda tidak akan dapat kembali ke negeri dahulu"
"A menos que ambos admitan sus errores"
"kecuali, kamu berdua mengaku kesalahan kamu"
"Pero preveo que siempre permaneceréis como estatuas"
"tetapi saya menjangka bahawa anda akan sentiasa menjadi patung"
"El orgullo, la ira, la gula y la ociosidad a veces se vencen"
"Kebanggaan, kemarahan, kerakusan, dan kemalasan kadangkala dikalahkan"
" pero la conversión de las mentes envidiosas y maliciosas son milagros"
" tetapi pertobatan fikiran yang iri hati dan jahat adalah

mukjizat"
Inmediatamente el hada dio un golpe con su varita.
serta-merta peri itu menghentak dengan tongkatnya
Y en un momento todos los que estaban en el salón fueron transportados.
dan seketika semua yang berada di dalam dewan itu diangkut
Habían entrado en los dominios del príncipe.
mereka telah masuk ke dalam kekuasaan putera raja
Los súbditos del príncipe lo recibieron con alegría.
rakyat putera raja menerimanya dengan gembira
El sacerdote casó a Bella y la bestia
paderi berkahwin dengan kecantikan dan binatang
y vivió con ella muchos años
dan dia tinggal bersamanya bertahun-tahun lamanya
y su felicidad era completa
dan kebahagiaan mereka telah lengkap
porque su felicidad estaba fundada en la virtud
kerana kebahagiaan mereka diasaskan pada kebajikan

El fin
Akhir

www.tranzlaty.com

www.ingramcontent.com/pod-product-compliance
Lightning Source LLC
Chambersburg PA
CBHW011552070526
44585CB00023B/2559